BEI GRIN MACHT SICH IHR
WISSEN BEZAHLT

Einführung von DevOps. Verbesserung der Geschwindigkeit der Softwareauslieferung und der Softwarequalität

Döndü Emili

Bibliografische Information der Deutschen Nationalbibliothek:

Die Deutsche Nationalbibliothek verzeichnet diese Publikation in der Deutschen Nationalbibliografie; detaillierte bibliografische Daten sind im Internet über http://dnb.d-nb.de abrufbar.

ISBN: 9783346502810
Dieses Buch ist auch als E-Book erhältlich.

© GRIN Publishing GmbH
Nymphenburger Straße 86
80636 München

Druck und Bindung: Books on Demand GmbH, Norderstedt Germany
Gedruckt auf säurefreiem Papier aus verantwortungsvollen Quellen

Das Buch bei GRIN: https://www.grin.com/document/1133335

Inhaltsverzeichnis

Abbildungsverzeichnis II

Abkürzungsverzeichnis III

1. Einleitung 1

    1.1 Problemstellung und Zielsetzung 1

    1.2 Aufbau der Arbeit 2

2. DevOps 3

    2.1 Einführung 3

    2.2 Grundprinzipien 5

3. CI/CD-Pipeline 6

    3.1 Software-Lebenszyklus 7

    3.2 Phasen der Pipeline 8

    3.3 Continuous Integration 13

    3.4 Continuous Delivery- & Continuous Deployment-Pipeline 14

4. Fazit 16

5. Literaturverzeichnis 19

Abbildungsverzeichnis

Abbildung 1: Software-Lebenszyklus...7

Abbildung 2:Deployment-Pipeline 9

Abbildung 3: CI-Pipeline 14

Abbildung 4: Continuous Delivery-Pipeline..15

Abbildung 5: Continuos Deployment-Pipeline...16

Abkürzungsverzeichnis

bspw. ....beispielsweise

bzw. ....beziehungsweise

CI ....Continuous Integration

CI/CD ....Continuous Integration/Continuous Delivery/Continuous Deployment

NoSQL ....Not only SQL

SVN ....Apache Subversion

VCS ....Version Control System

VM ....Virtuelle Maschine

z.B. ....zum Beispiel

1. Einleitung

Es wird deutlich darauf hingewiesen, dass in der zugrundeliegenden Arbeit aus Gründen der Lesbarkeit von der Verwendung einer gendergerechten Sprache abgesehen wird. Jede genannte Rolle, Arbeitsaufgabe oder Ähnliches ist ohne Beschränkung auf ein bestimmtes Gender zu verstehen und kann entsprechend besetzt werden.

In der Informationsverarbeitung sind geringe Reaktionszeiten und ein hohes Maß an Flexibilität bedeutsame Faktoren für den Unternehmenserfolg. Durch den stetig ansteigenden Internethandel und die steigende Verfügbarkeit von Web-Plattformen zur Vermittlung oder Bereitstellung diverser Dienstleistungen verschärft sich die Konkurrenzsituation allerorten. Gleichzeitig wachsen die zu verarbeitenden Datenmengen durch vielseitige Sensoren und durch die Nutzung neuer Technologien.[1]

Insgesamt ist die IT mit neuen Anforderungen konfrontiert, die im Grunde durch eine schnellere Reaktionsgeschwindigkeit gekennzeichnet sind. In Anbetracht dessen ist es für Unternehmen essenziell, schneller auf wandelnde Marktbedingungen zu reagieren. Vor diesem Hintergrund sollten Unternehmen die Zeit zwischen der Produkt- und Softwareentwicklung bis zur Platzierung des Produktes auf dem Markt (Time-to-Market) auf ein Minimum reduzieren und „On-Demand"-Auslieferungen ermöglichen.[2]

1.1 Problemstellung und Zielsetzung

Um weiterhin die Wettbewerbsfähigkeit aufrechtzuerhalten, ist die kontinuierliche Softwareauslieferung unabdingbar. Jedoch stellt diese Anforderung viele IT-Unternehmen vor Herausforderungen. Unternehmen haben Schwierigkeiten darin, die Zuverlässigkeit und die Qualität der Software bei steigender Anzahl von Deployments sicherzustellen.[3]

---

[1] Vgl. Thomas et al. (2017), S. 179
[2] Vgl. Halstenberg et al. (2020), S. 7-9
[3] Vgl. Alt et al. (2017), S. 23-24

Im Wesentlichen wird die kontinuierliche Softwareauslieferung durch die Unternehmens-IT, die für die Softwareentwicklung verantwortlich ist, beeinflusst.[4] Jedoch herrscht in vielen IT-Unternehmen ein inhärenter Konflikt zwischen Softwareentwicklung und IT-Betrieb, weil beide Organisationseinheiten entgegengesetzte Ziele verfolgen. Die konträren Interessen beider Seiten führen dazu, dass sowohl die Softwarequalität als auch die Softwareauslieferung negativ beeinflusst werden.[5]

Um diesen Herausforderungen entgegenzuwirken, versuchen IT-Unternehmen die kollaborative DevOps-Kultur (Zusammenarbeit zwischen Softwareentwicklung und IT-Betrieb) im Unternehmen zu etablieren, damit Menschen, Prozesse und Technologien zu einer Einheit gebündelt werden können. Mit der Implementierung von DevOps soll insbesondere ein schnellerer Feedback-Mechanismus für Entwickler eingebettet werden, um die Software zügiger und mit deutlich höherer Zuverlässigkeit in Produktion zu bringen. Dies wird sichergestellt, indem der Softwareauslieferungsprozess weitgehend automatisiert wird und somit einen reproduzierbaren, risikoarmen Prozess für Änderungen am Source Code darstellt.[6]

Vor diesem Hintergrund beschäftig sich die zugrundeliegende Projektarbeit mit der Fragestellung, wie IT-Unternehmen die Softwareentwicklung gestalten sollten, damit sowohl die Geschwindigkeit der Softwareauslieferung als auch die Softwarequalität gesteigert werden können.

1.2 Aufbau der Arbeit

Im zweiten Kapitel wird als erstes die Konfliktsituation in IT-Unternehmen geschildert und die daraus resultierenden Folgen wiedergegeben. Anschließend wird das Thema DevOps eingeführt und die Grundprinzipien von DevOps herausgearbeitet. Die Grundprinzipien von DevOps eignen sich im besonderen Maße, um die Funktionsweise von DevOps zu veranschaulichen und um darzustellen, wie DevOps-Prinzipien oder -

---

[4] Vgl. Quibeldey-Cirkel & Thelen (2012), S. 301
[5] Vgl. Alt et al. (2017), S. 23.24
[6] Vgl. Quibeldey-Cirkel & Thelen (2012), S. 301

Methoden genutzt werden können, um eine effizientere Softwareentwicklung zu ermöglichen.

Im darauffolgenden Kapitel wird als erstes der allgemeine Software-Entwicklungszyklus dargestellt, weil der Deployment-Prozess ein Teil des Software-Entwicklungszyklus ist. Daraufhin werden die einzelnen Phasen der Deployment-Pipeline beschrieben. Die präzise Ausarbeitung der einzelnen Deployment-Phasen und die Beschreibung der Tools und Technologien können als Orientierung bei der Implementierung einer Deployment-Pipeline genutzt werden. Im Anschluss daran werden die drei unterschiedlichen Automatisierungsstufen der CI/CD-Pipeline veranschaulicht und gegenübergestellt.

Abschließend werden im Fazit die erzielten Ergebnisse im Rahmen der vorliegenden Projektarbeit wiedergegeben und die zukünftige Entwicklung von DevOps prognostiziert.

Aufgrund der Rahmenbedingung der Projektarbeit konnten nicht alle Themenaspekte von DevOps behandelt werden. Folgende relevante Themengebiete fehlen: Microservices, Monitoring, Logging und agile Vorgehensmodelle.

2. DevOps

2.1 Einführung

Der Begriff DevOps setzt sich aus den beiden englischen Wörtern *Development* (dt. Entwicklung) und *Operations* (dt. IT-Betrieb) zusammen. Damit werden die jeweiligen Organisationseinheiten im IT-Bereich angesprochen, die in einer traditionellen Organisation klassischerweise separat voneinander arbeiten und unterschiedliche Ziele verfolgen.[7]

Die Softwareentwicklung ist für die Herstellung von Software, deren kontinuierliche Weiterentwicklung und für ihre Einbettung in bestehende Softwarearchitekturen zuständig. In der Regel endet die Verantwortung der Softwareentwickler mit dem Akzeptanztest und der Freigabe der Software für die Übernahme in die Produktivumgebung. Des Weiteren ist die Softwareentwicklung häufig dafür

---

[7] Vgl. Alt et al. (2017), S. 23

verantwortlich, auf Marktänderungen zu reagieren. Ein Beispiel hierfür ist z.b. die kontinuierlich ansteigende Datenmasse. Softwareentwickler verwenden innovative Technologien, wie NoSQL-Datenbanken oder Data Mining, um riesige Datenmengen schneller und flexibler verarbeiten zu können.[8]

Der IT-Betrieb hingegen visiert ein hohes Maß an Stabilität, Verfügbarkeit und Sicherheit an. Folglich setzt der IT-Betrieb auf ausgereifte und bewährte Technologien sowie auf stabile Prozesse. Infolgedessen ist der IT-Betrieb des Öfteren kritisch gegenüber Änderungen in der Produktivumgebung. In die Zuständigkeit des IT-Betriebs fällt die anschließende Installation und Konfiguration der Software in die Produktivumgebung.[9]

Beide Organisationseinheiten verfolgen unterschiedliche Ziele. Hinzu kommt noch, dass wenn im Rahmen der Softwareentwicklung die Erfordernisse des Betriebs für eine reibungslose Inbetriebnahme nicht ausreichend berücksichtigt werden, das Deployment sich verspätet oder fehlschlägt.[10]

Um solche Konflikte und Probleme zu vermeiden, ist DevOps entstanden. Durch DevOps soll die Zusammenarbeit zwischen Softwareentwicklung und IT-Betrieb verbessert werden. Durch den Einsatz von DevOps soll ermöglicht werden, dass Menschen, Prozesse und Technologien, die traditionell aufgeteilt waren, zu einer Einheit gebündelt werden, damit eine engere Verzahnung entsteht.[11]

Als zentrale Erfolgsfaktoren von DevOps hat sich im speziellen eine möglichst weitgehende Automatisierung (CI/CD-Pipeline) und die Zusammenarbeitskultur mit dem Prinzip „you build it, you run it" herauskristallisiert.[12]

Die Zusammenarbeitskultur mit dem Prinzip „you build it, you run it" besagt, dass die für die Implementierung verantwortlichen Softwareentwickler später ebenso für den Betrieb der Anwendung verantwortlich sind. Mit diesem Prinzip soll zum einen sichergestellt werden, dass Entwickler von Beginn an eine qualitative Software entwickeln und zum anderen, dass sie bei der Entwicklung den späteren Betrieb der Anwendung berücksichtigen. Umgekehrt beteiligen sich ebenso Operations-Mitarbeiter

---

[8] Vgl. Alt et al. (2017), S. 23
[9] Vgl. ebd., S. 24
[10] Ebd.
[11] Vgl. Thomas et al. (2017), S. 180
[12] Vgl. ebd.

aktiv an die Softwareentwicklung, somit werden Operations-Mitarbeiter schon zu Beginn eines Projekts in das Erarbeiten der Anforderungen involviert und können somit z.b. früher Einfluss auf die Softwarearchitektur und deren Software-Lebenszyklus nehmen.[13]

Projekte, die anhand von DevOps-Praktiken realisiert werden, weisen eine signifikante Produktivitätssteigerung auf. Folgende Ergebnisse konnten erzielt werden: Steigerung der Deployment-Frequenz, Reduzierung der Fehlerrate bei Änderungen am Source Code, Reduktion der Durchlaufzeit bei der Produktivsetzung von Releases und Verringerung der Arbeitszeit für ungeplante Arbeit und Nacharbeit.[14]

Die Verzahnung beider Bereiche führt insgesamt dazu, dass sowohl die Softwarequalität als auch die Softwarebereitstellung deutlich gesteigert werden.

2.2 Grundprinzipien

Für DevOps gibt es keine standardisierten Vorgehensbeschreibungen oder ein allgemeines Framework. Die Implementierung von DevOps ist individuell, wobei Unternehmen in der Regel die allgemeinen Grundprinzipien von DevOps an ihre individuellen Anforderungen anpassen bzw. weiterentwickeln.[15]

Die Grundprinzipien von DevOps lassen sich im folgenden bekannten Akronym zusammenfassen: CAMS. Diese stehen für Culture, Automation, Measurement und Sharing. Teilweise wird das Akronym mit einem „L" für Lean ergänzt: CALMS.[16]

Die Kultur ist ein wesentlicher Bestandteil von DevOps. Eine Kultur der Zusammenarbeit aller Beteiligten mit der Intention, einen Beitrag zum Ganzen zu leisten, ist essenziell für ein erfolgreiches DevOps.[17] Als kulturelle Basis der Zusammenarbeit zählen gegenseitiges Vertrauen, stetiger Informationsfluss und eine andauernde Bereitschaft zum Lernen.[18]

---

[13] Vgl. Thomas et al. (2017), S. 180
[14] Vgl. Alt et al. (2017), S. 25
[15] Vgl. ebd., S. 26
[16] Vgl. Halstenberg et al. (2020), S. 5
[17] Vgl. ebd.
[18] Vgl. Pientka (2018)

Ein weiteres Grundprinzip von DevOps beinhaltet eine weitestmögliche Automatisierung von Arbeitsaufgaben. Es können Werkzeuge verwendet werden, die das Release-Management, die Bereitstellung, das Konfigurationsmanagement, die Systemintegration, die Überwachung und die Steuerung automatisieren.[19]

Lean ist ein Begriff, der die Lehren des Toyota Production Systems zusammenfasst. Viele Lean-Prinzipien wurden in die Softwareentwicklung übernommen. Teilweise überschneiden sich Lean-Prinzipien mit den Grundprinzipien Culture und Measurement. Die Lean-Prinzipien bei DevOps lauten: einfache Entscheidungsprozesse, kontinuierlicher Messung, Visualisierung der Arbeit und Limitierung von Work in Progress.[20]

Die nächste Grundsäule von DevOps ist Messung. DevOps orientiert sich an messbaren Ergebnissen. Die Ergebnisse sollten anhand messbarer Größen bewertet werden, z.B. wie viel Zeit benötigt wird, damit eine Zeile Source Code-Änderung in Produktion geht. Zudem ist die Messung von Kennzahlen, die einen Beitrag zum Geschäftsergebnis leisten noch zielführender.[21]

Eine weitere Grundsäule von DevOps ist Sharing. Sharing steht für das Teilen von Informationen, Vorgehensweisen und Erkenntnissen innerhalb eines Teams. Am besten kann man die Sharing-Grundsäule in einer „blame-free culture" ausleben: eine Kommunikationskultur, in der keine Schuldzuweisungen getätigt werden.[22]

3. CI/CD-Pipeline

Im folgenden Kapitel wird als erstes der allgemeine Software-Lebenszyklus beschrieben. Im Anschluss werden die einzelnen Phasen der Deployment-Pipeline und die dafür benötigten Tools und Technologien veranschaulicht. Als letztes werden die drei verschiedenen Automatisierungsstufen der CI/CD-Pipeline erläutert und

---

[19] Vgl. Willis (2010)
[20] Vgl. Halstenberg et al. (2020), S. 6
[21] Vgl. ebd., S. 6-7
[22] Ebd.

gegenübergestellt: Continuous Integration, Continuous Delivery und Continuous Deployment.

3.1 Software-Lebenszyklus

Jedes Softwaresystem durchläuft einen Software-Lebenszyklus, der bei jeder Softwareentwicklung berücksichtigt werden muss. In der Softwareentwicklung sind mehrere Phasen vorhanden, die der Source Code durchlaufen muss, damit es auf dem Produktivsystem ausgeführt werden kann. Zudem unterliegt jede Software einer Softwarealterung. In diesem Zusammenhang endet der Softwarelebenszyklus mit der Ablösung, Abschaltung oder Weiterentwicklung der Software.[23]

Wenn eine Änderung am Source Code erforderlich ist oder ein neuer Source Code hinzugefügt werden muss, hat das zur Folge, dass die Software bestimmte Phasen des Software-Lebenszyklus erneut durchlaufen muss. Dieser Vorgang stellt einen iterativen Prozess dar. Hierbei muss berücksichtigt werden, dass es sich beim zugrundeliegenden iterativen Prozess nur um einen Teilbereich vom gesamten Software-Lebenszyklus handelt. Der gesamte Software-Lebenszyklus umfasst weitere Phasen.[24]

In der Regel wird der gesamte Software-Lebenszyklus in folgenden Phasen unterteilt: Anforderungsanalyse, Design, Entwicklung, Integration und Testen, Bereitstellung und Auslieferung und Wartung und Pflege (Abbildung 1).[25]

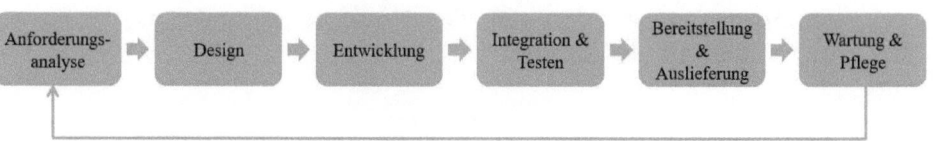

Abbildung 1: Software-Lebenszyklus

Quelle: In Anlehnung an Shiklo (2019)

---

[23] Vgl. Balzert (2011), S. 1
[24] Vgl. Shiklo (2019)
[25] Vgl. ebd.

Die erste Phase des Software-Lebenszyklus umfasst die Anforderungsanalyse. In dieser Phase werden die Anforderungen der umzusetzenden Software definiert und analysiert. In der darauffolgenden Phase des Designs werden ausgehend von der Anforderungsanalyse ein Grob- und ein Feinentwurf erarbeitet. Hierbei wird die Architektur der Software festgelegt und mögliche Schnittstellen und Komponenten bestimmt. Die dritte Phase beinhaltet die Entwicklung, in der der Source Code programmiert wird. Die Auswahl der Programmiersprache ist dabei projektabhängig. In der Entwicklungsphase erfolgt die wesentliche Umsetzung der Software. Die vierte Phase repräsentiert Integration und Testen. In dieser Phase werden die Source Codes der verschiedenen Entwickler zusammengefügt und auf Basis unterschiedlicher Tests überprüft, ob die vordefinierten Anforderungen eingehalten wurden und keine Fehler vorliegen. Die fünfte Phase beinhaltet die Bereitstellung und Auslieferung der Software. Die sechste Phase stellt die Wartung und Pflege der Software dar. Sie umfasst sowohl die Inbetriebnahme als auch die Hilfe bei später auftretenden Problemen. Zudem können in dieser Phase Änderungen am Source Code erforderlich sein, was jedoch zusätzliche Entwicklungen und Tests erfordert.[26]

Nachfolgend werden folgende Phasen untersucht. Entwicklung, Integration und Testen sowie Bereitstellung und Auslieferung. Diese Phasen des Software-Lebenszyklus sind dabei unabhängig von der Auswahl des Vorgehensmodells, denn jede Änderung am Source Code führt dazu, dass diese Phasen des Software-Lebenszyklus erneut durchlaufen werden müssen.[27]

3.2 Phasen der Pipeline

Die Deployment-Pipeline, die zum ersten Mal durch Jez Humbel und David Farley in ihrem Buch „Continuous Delivery: Reliable Software Releases Through Build, Test, and Deployment Automation" definiert wurde, hat zum Ziel, eine kontinuierliche

---

[26] Vgl. Shiklo (2019)
[27] Vgl. Alt et al. (2017), S. 27

Softwareauslieferung zu ermöglichen und jede Änderung am Source Code, die in einem Version Control System (VCS) eingecheckt wird, automatisch zu bauen und in einer produktivähnlichen Umgebung zu testen. Somit soll sichergestellt werden, dass Build-, Test- oder Integrationsfehler bereits bei der Einführung einer Source Code-Änderung identifiziert und unmittelbar korrigiert werden können. Wenn keine Fehler vorliegen und die Deployment-Pipeline fehlerfrei funktioniert, wird gewährleistet, dass sich der Source Code in einem auslieferbaren Zustand befindet.[28]

Die Deployment-Pipeline besteht aus mehreren Phasen, die jede Source Code-Änderung durchlaufen muss. Dabei sollte die Deployment-Pipeline weitgehend automatisiert sein.[29] Die Phasen der Deployment-Pipeline können dabei variieren, da die einzelnen Phasen der Deployment-Pipeline von Projekt zu Projekt individuell gestaltet sein können. Folglich hängt die Deployment-Pipeline von den Softwareanforderungen ab.[30]

Humble und Farley bezeichnen die drei Phasen des Software-Lebenszyklus wie folgt: Entwicklung, Integration und Testen, Bereitstellung und Auslieferung als Deployment Pipeline.[31] Eine typische Deployment-Pipeline veranschaulicht Abbildung 2. Hierbei ist anzumerken, dass mit jeder erfolgreich durchlaufenen Phase die Wahrscheinlichkeit erhöht wird, dass die Source Code-Änderung fehlerfrei ist, um in die Produktivumgebung überzugehen.[32]

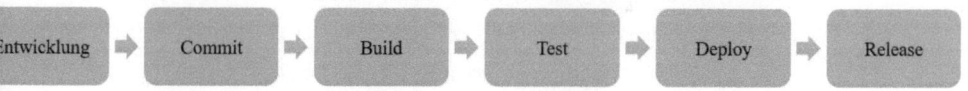

Abbildung 2:Deployment-Pipeline

Quelle: In Anlehnung an Humbel & Farley (2010), S. 105-109

---

[28] Vgl. Kim et al. (2012), S. 121
[29] Vgl. Alt et al. (2017), S. 27
[30] Vgl. Sharma & Coyne (2015), S. 23
[31] Vgl. Humbel & Farley (2010), S. 105-109
[32] Vgl. Fowler (2013a)

Der Zyklus der Deployment-Pipeline startet mit der **Entwicklungsphase**. In dieser Phase wird die eigentliche Entwicklungsarbeit an einer Anwendung vorgenommen. Die Programmierung der Anwendung erfolgt dabei manuell und wird in einer Entwicklungsumgebung durchgeführt. Als Entwicklungsumgebung kann bspw. Visual Studio Code genutzt werden. Des Weiteren werden in dieser Phase verschiedene Werkzeuge bzw. Tools zur Projektplanung, Aufgabenverteilung und Source Codeverwaltung eingesetzt. In der Regel sind die eingesetzten Tools plattformübergreifend nutzbar.[33]

Als nächstes folgt die **Commit-Phase**.[34] Jede Änderung am Source Code wird in einem VCS eingecheckt, das zur Erfassung von Änderungen verwendet wird. Ein VCS speichert alle durch Bearbeitung bzw. Änderung entstandenen Versionen in einem Archiv mit Zeitstempel und Benutzerkennung. Bei Bedarf können in einem VCS z.B. bereits vorgenommene Änderungen am Source Code eingesehen oder wiederhergestellt werden. Somit lässt sich nachverfolgen, welcher Nutzer zu einem bestimmten Zeitpunkt Änderungen ausgeführt hat. Die primären Ziele eines VCS bestehen zum einen darin, den gemeinsamen Zugriff mehrerer Nutzer zu koordinieren und zum anderen die parallele Entwicklung zu ermöglichen.[35]

Grundsätzlich werden zwischen zwei Arten von Versionsverwaltungssystemen unterschieden: zentral und verteilt. In einem verteilten VCS besitzt jeder Nutzer ein eigenes Repository, welches lokal auf dem Computer abgelegt ist. Somit wird eine dauerhafte Netzverbindung nicht benötigt. Dies hat zur Folge, dass bei einem verteilten VCS mehrere Nutzer unabhängig von ihrem Standort gleichzeitig Zugriff auf das Softwareprojekt haben. Ein Beispiel hierfür ist das System Git, ein bekanntes Open-Source-Tool für ein verteiltes VCS. Im Gegensatz zum verteilten VCS verwendet das zentrale VCS ein zentrales Repository. Der Vorteil von einem zentralen VCS gegenüber einem verteilten VCS liegt unter anderem darin, dass beim Ersteren die Änderungen auf einem zentralen Server in einem zentralen Repository abgelegt werden. In diesem Zusammenhang fällt der Speicherplatzverbrauch beim zentralen VCS geringer aus als beim verteilten VCS. Für die zentrale VCS kann die freie Software Apache Subversion

---

[33] Vgl. Sharma & Coyne (2015), S. 26-27
[34] Vgl. Kim et al. (2012), S. 121
[35] Vgl. 1&1 IONOS SE (2020)

(SVN) genutzt werden. [36] Um den Rahmen der zugrundeliegenden Projektarbeit nicht zu sprengen, werden nicht alle Vor- und Nachteile eines zentralen und eines verteilten VCS gegenübergestellt. Die passende Auswahl von einem VCS ist vom Einsatzzweck abhängig. Beide Systeme unterscheiden sich in ihrer Struktur, was Auswirkungen auf die darauf resultierenden Arbeitsprozesse hat.

Zudem ist hervorzuheben, dass der Commit der Auslöser für die Deployment-Pipeline ist. Jegliche Modifikation am Source Code, die innerhalb der Commit-Phase in einem VCS eingecheckt wird, veranlasst automatisch die nächste Build-Phase. [37]

Als nächstes folgt die **Build-Phase**. Als Build wird die Erzeugung einer eigenständig lauffähigen Software bezeichnet. Jede Software setzt sich aus mehreren Quelldateien zusammen, die vor der Ausführung in ein funktionierendes Konstrukt übertragen werden müssen. [38] Build-Tools werden dafür eingesetzt, um Software-Builds zu automatisieren. Ein Software-Build besteht aus mehreren Schritten, die voneinander abhängig sind. Viele Builds durchlaufen identische Phasen, wie z.B. das Kompilieren des Source Codes in ein Binärcode und das Prozessieren bereits vorhandener Ressource-Dateien (wie z.B. Konfigurationen). Ebenso werden in der Build-Phase später verwendbare Artefakten, wie z.B. WAR-EAR-Dateien und Debian-Pakete erzeugt und in einem Paket-Repository archiviert. Zudem werden in der Build-Phase Modultests ausgeführt und ausgewertet. [39] Beim Modultest werden die funktionalen Einzelteile (Module) auf korrekte Funktionalität geprüft. Einzelne Module werden separat von anderen Modulen getestet. Durch die Anwendung des Modultests kann der Entwickler überprüfen, ob der Source Code funktioniert. [40] Des Weiteren werden in der Build-Phase mit Hilfe von statistischer Codeanalyse zum einen die Codequalität analysiert und zum anderen die Einhaltung von definierten Konventionen im Source Code überprüft. Die meisten dieser aufgeführten Aufgaben werden von der verwendeten Entwicklungsumgebung durchgeführt. Vor diesem Hintergrund müssen die Aufgaben nicht mit einem Werkzeug automatisiert werden. Dennoch besteht die Möglichkeit, ein gesondertes Tool einzusetzen. Somit kann gewährleistet werden, dass ein Build reproduzierbar und isoliert bereitgestellt werden

---

[36] Vgl. 1&1 IONOS SE (2020)
[37] Vgl. Halstenberg et al. (2020), S. 18
[38] Vgl. Augsten (2018a)
[39] Vgl. Wolf (2016), S. 88
[40] Vgl. Witte (2016), S. 67

kann, unabhängig von den verwendeten Entwicklungswerkzeugen. Entwickler können unterschiedliche Werkzeuge nutzen und trotzdem ist der Build reproduzierbar und einheitlich.[41] In der Regel arbeiten Softwareentwickler mit Build-Servern, wie z.b. Jenkins.[42]

Die vierte Phase der Deployment-Pipeline ist die **Testphase.** In dieser Phase werden die einzelnen implementierten Bestandteile der Software zusammengesetzt (integriert) und getestet. Anhand von Akzeptanztests wird überprüft, ob die Software die zuvor definierten Anforderungen erfüllt und somit den gewünschten Nutzen erbringt. Zudem werden in der Testphase Integrationstests durchgeführt, die das Zusammenspiel mehrerer Komponenten testen.[43] Darüber hinaus können viele andere Tests, unter anderem Kapazitäts-, Leistungs- und Sicherheitstests, angewendet werden, je nachdem, welche Anforderungen für das Projekt definiert wurden.[44]

Im Anschluss der Testphase erfolgt die **Deployment-Phase.** Die Software wird auf einem System bzw. in einer Umgebung implementiert. Hierbei ist es zentral, dass zwischen Staging- und Produktivumgebung differenziert wird.[45] Als Staging-Umgebung ist eine Serverumgebung gemeint, bei der die Software unter annähernd realen Bedingungen getestet wird.[46] Im Gegensatz dazu werden auf der Produktivumgebung IT-Anwendungen ausgeführt, die einen Geschäftswert generieren.[47]

In der Regel wird die Software als erstes auf einer Staging-Umgebung aufgespielt. Mit dem Einsatz einer Container-Technologie wie z.B. Docker kann eine vorteilhafte Testinfrastruktur für die Staging-Umgebung eingerichtet werden. Unter Verwendung einer Container-Technologie können bedarfsgesteuerte Testumgebungen ad hoc bereitgestellt werden.[48] Im Vergleich zu einer Virtuellen Maschine (VM) wie z.B. Virtual Box teilen sich einzelne Container ein gemeinsames Betriebssystem. Jede VM besitzt ein eigenes, vollständiges Betriebssystem. Dies führt dazu, dass Systemressourcen belastet werden, denn eine VM fertigt nicht nur lediglich eine vollständige Kopie eines

---

[41] Vgl. Wolf (2016), S. 88-89
[42] Vgl. Kühn (2013)
[43] Vgl. Hanschke (2017), S. 48
[44] Vgl. Kim et al. (2012), S. 132
[45] Vgl. Sharma & Coyne (2015), S. 28
[46] Vgl. ebd., S. 7
[47] Ebd.
[48] Vgl. Augsten (2018b)

Betriebssystems an, sondern es erfolgt ebenso eine virtuelle Simulation der gesamten Hardware, die für die Ausführung des Betriebssystems benötigt werden. Das hat z.B. zur Folge, dass der Arbeitsspeicherbedarf steigt. Zudem stellt die Container-Technologie die virtuellen Ressourcen schneller bereit. Das hat den Vorteil, dass Testzyklen erheblich beschleunigt werden.[49]

Die letzte Phase stellt die **Release-Phase** dar. Die Software wird in der Produktivumgebung aufgespielt.[50]

3.3 Continuous Integration

Continuous Integration (CI) hat zum Ziel, kontinuierlich neuen Codes in die Anwendung zu integrieren. Wenn mehrere Entwickler Änderungen am Source Code vornehmen, müssen die Änderungen am Source Code zusammengeführt werden, um zu überprüfen, ob die Anwendung funktioniert. Gemäß CI-Prozesse sollten Änderungen am Source Code jeden Tag direkt ins Projekt eingefügt werden, wenn möglich sogar mehrmals täglich.[51] In Anbetracht dessen ist Kent Beck der Ansicht: *"Write one line of code. Deploy. [...] Once the deployment is done, write another line of code. Deploy."*[52] Somit soll vorgebeugt werden, dass Entwickler Gefahr laufen, durch zu seltenes Einchecken von Source Code-Änderungen oder zu seltenem Zusammenführen von Branchs Integrationsprobleme entstehen.[53]

In diesem Zusammenhang sollten Entwickler gemäß CI-Prozesse Änderungen am Source Code mindestens einmal täglich in ein gemeinsames Repository, wo alle Projektbeteiligten Zugriff haben, einchecken und integrieren. Dies bedeutet konkret, dass der Entwickler aus der gemeinsamen Repository den aktuellen Stand des Projekts kopiert, dann erst die eigentliche Änderung am Source Code ausführt und im Anschluss auf Basis eines lokalen Build-Prozesses die Modifikationen am Source Code testet. Der Test-Mechanismus ist in den lokalen Build-Prozess eingegliedert. Wenn der lokale Build-

---

[49] Vgl. T-Systems International GmbH (2021)
[50] Vgl. Halstenberg et al. (2020), S. 20
[51] Vgl. 1&1 IONOS SE (2021)
[52] Vgl. Quibeldey-Cirkel & Thelen (2012), S. 301
[53] Vgl. 1&1 IONOS SE (2021)

Prozess keine Fehler aufweist, integriert der Entwickler die Source Code-Änderung zunächst weiterhin lokal in das Gesamtprojekt und überprüft erneut, ob Fehler vorliegen. Wenn der lokale Build-Prozess erfolgreich ist, wird automatisch ein Commit ausgelöst.[54]

Durch den Commit wird automatisch der Build- und Test-Prozess angestoßen (Abbildung 3). Die anschließenden Phasen der Pipeline, Deployment und Release, werden bei der CI-Pipeline manuell durchgeführt.

Abbildung 3: CI-Pipeline

Quelle: In Anlehnung an Fowler (2006)

Von oberster Wichtigkeit bei CI ist, dass in dem gemeinsamen Repository, wo alle Projektbeteiligten Zugriff haben, keine fehlerhaften Source Code-Änderungen vorliegen dürfen. Sollten Fehler enthalten sein, müssen die Fehler sofort behoben werden. Alle Entwickler müssen davon ausgehen können, dass der Source Code in der Repository funktioniert, damit keine Folgefehler entstehen.[55]

3.4 Continuous Delivery- & Continuous Deployment-Pipeline

Im Vergleich zur CI-Pipeline erfolgt bei der Continuos Delivery-Pipeline das Deployment sowohl zur Testumgebung als auch zur Staging-Umgebung automatisiert.

---

[54] Vgl. Fowler (2006)
[55] Vgl. ebd.

Jedoch wird der Release zum Produktivsystem weiterhin manuell durchgeführt (Abbildung 4).[56]

Martin Fowler bezeichnet Continuous Delivery als eine Disziplin der Softwareentwicklung, bei der die Software jederzeit für die Produktion freigegeben werden kann.[57]

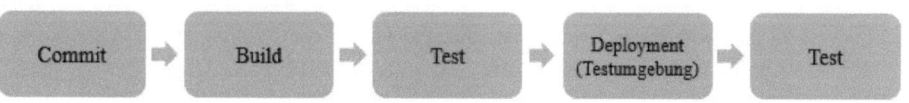

Abbildung 4: Continuous Delivery-Pipeline

Quelle: In Anlehnung an Fowler (2013b)

Im Gegensatz zu Continuous Delivery-Pipeline findet bei der Continuos Deployment-Pipeline das Deployment in die Produktivumgebung automatisiert statt, d.h. alle Phasen werden automatisch durchlaufen (Abbildung 5).[58]

Humbel und Farley sind der Ansicht, dass je öfter ein Deployment in die Produktivumgebung übertragen wird, desto mehr die Softwarequalität gesteigert wird. Beide Autoren sind der Meinung, dass durch die Automatisierung der Phasen die Deployment-Pipeline einen wiederholbaren und verlässlichen Prozess darstellt, da die Automatisierung der Phasen Fehler vorbeugt.[59]

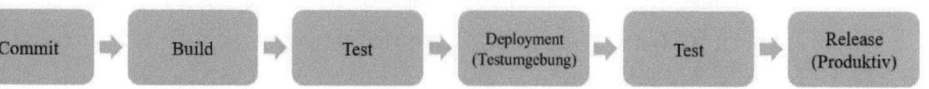

---

[56] Vgl. Alt et al. (2017), S. 29-30
[57] Vgl. Fowler (2013b)
[58] Vgl. Alt et al. (2017), S. 29
[59] Vgl. Humbel & Farley (2010), S. 12-13

Abbildung 5: Continuos Deployment-Pipeline

Quelle: In Anlehnung an Humbel & Farley (2010), S.4

Der Hauptunterschied zwischen Continuous Delivery und Continuos Deployment liegt darin, dass beim Letzteren das Deployment in die Produktivumgebung automatisiert ist. Beim Continuos Deployment sind alle Phasen der Pipeline automatisiert. Bei der Continuous Delivery-Pipeline hingegen müssen Entwickler bewusst die Entscheidung treffen, ob die Änderung am Source Code released wird oder nicht.[60]

Bei Webanwendungen kann die Nutzung einer Continuous Deployment-Pipeline konstruktiv sein. Doch in kritischen Anwendungsbereichen sollte der Einsatz einer Continuous Deployment-Pipeline kritisch hinterfragt werden, wie z.B. in der Medizintechnik. Im Gesundheitswesen würde es sich eignen, die Pipeline auf CI oder Continuous Delivery zu reduzieren, damit der Automatisierungsgrad eingeschränkt werden kann.

4. Fazit

Angesichts der dynamisch verändernden Marktbedingungen kann festgehalten werden, dass es für Unternehmen, die Softwareentwicklungsarbeit leisten, notwendig ist, ihr „Time-to-Market" zu senken und „On-Demand"-Auslieferung zu ermöglichen, um wettbewerbsfähig zu bleiben.

Vor diesem Aspekt hat sich die vorliegende Projektarbeit mit der Fragestellung beschäftigt, wie IT-Unternehmen die Softwareentwicklung gestalten sollten, damit sowohl die Geschwindigkeit der Softwareauslieferung als auch die Softwarequalität gesteigert werden können.

Auf Basis der geschilderten Konfliktsituation zwischen den beiden Organisationseinheiten Entwicklung und IT-Betrieb sollte in Betracht gezogen werden,

---

[60] Vgl. Alt et al. (2017), S. 29-30

ob die Aufrechterhaltung einer Trennung zwischen beiden Organisationseinheiten im Unternehmen zielführend ist.

Insgesamt veranschaulicht DevOps, dass mit technischen Praktiken, kulturellen Normen und kleinen Teams, bestehend aus Softwareentwickler und Operations-Mitarbeiter, schnell, zuverlässig und unabhängig voneinander Änderungen am Source Code für die Produktivumgebung entwickelt, integriert, getestet und deployt werden können. So maximieren Unternehmen die Produktivität der IT-Organisationen, ermöglichen unternehmensweites Lernen und steigern ihre Wettbewerbsfähigkeit. Projekte, die anhand von DevOps-Praktiken realisiert werden, steigern die Deployment-Frequenz, senken die Fehlerrate bei Änderungen am Source Code und reduzieren die Durchlaufzeit bei der Produktivsetzung von Releases. Somit leistet DevOps einen zentralen Beitrag, um zum einen die Geschwindigkeit der Softwareauslieferung zu erhöhen und zum anderen die Softwarequalität zu steigern.

Es ist wichtig hervorzuheben, dass DevOps nicht ausschließlich Automatisierung mit der CI/CD-Pipeline bedeutet, sondern dass DevOps ebenso kulturelle Normen beinhaltet. In diesem Zusammenhang fassen die Grundprinzipien von DevOps „CALMS" adäquat zusammen, wofür DevOps steht und welche DevOps-Prinzipien und -Methoden eingesetzt werden können, um ein effizienteres Softwareentwicklungsprozess zu konstruieren.

Jedoch ist hervorzuheben, dass die Automatisierung der Prozesse Build, Test, Deployment und Release ein treibender Erfolgsfaktor von DevOps ist. Durch die Implementierung schnellerer Feedback-Schleifen für die Prozesse erhalten Entwickler sofort Ergebnisse, ob Änderungen am Source Code fehlerfrei sind und sich in einem auslieferbaren Zustand befinden.

Die CI/CD-Pipeline mit den drei unterschiedlichen Automatisierungsstufen bietet Unternehmen zudem eine gute Grundlage, um stückweise Prozesse zu automatisieren. Jedoch sollten Unternehmen bei der Wahl der unterschiedlichen Automatisierungsstufen den Einsatzzweck der Software berücksichtigen.

Zusammenfassend kann festgehalten werden, dass DevOps es ermöglicht, die Software in hoher Qualität und Frequenz auszuliefern. Die zentralen Erfolgsfaktoren von DevOps sind zum einen die Zusammenarbeitskultur und zum anderen eine möglichst weitgehende Automatisierung.

Die IT-Welt befindet sich bereits im Wandel. Es ist absehbar, dass in Zukunft die Implementierung von DevOps in Unternehmen eine steigende Tendenz aufweisen wird. Um Anforderungen gerecht zu werden, wird die klassische Trennung zwischen Entwicklung und IT-Betrieb noch stärker nachlassen und im Vordergrund wird die Prozessnähe in IT-Organisationen stehen.

5. Literaturverzeichnis

1&1 IONOS SE. (2020). *Git vs. SVN – Versionsverwaltung im Vergleich*. IONOS Digitalguide. https://www.ionos.de/digitalguide/websites/web-entwicklung/git-vs-svn-versionsverwaltung-im-vergleich/ (Zugriff 02.05.2021).

1&1 IONOS SE. (2021). *Continuous Integration*. IONOS Digitalguide. https://www.ionos.de/digitalguide/websites/web-entwicklung/continuous-integration/ (Zugriff 02.05.2021).

Alt, Rainer et. al. (2017). *Innovationsorientiertes IT-Management mit DevOps: IT im Zeitalter von Digitalisierung und Software-defined Business*. Springer Gabler. https://doi.org/10.1007/978-3-658-18704-0

Augsten, Stephan. (2018a). *Was ist ein Build?* Dev-Insider. https://www.dev-insider.de/was-ist-ein-build-a-702737/ (Zugriff 02.05.2021).

Augsten, Stephan. (2018b). *Container helfen beim Testen verteilter Software*. Dev-Insider. https://www.dev-insider.de/container-helfen-beim-testen-verteilter-software-a-719790/ (Zugriff 02.05.2021).

Balzert, Helmut. (2011). Der Software-Lebenszyklus. In: *Lehrbuch der Softwaretechnik: Entwurf, Implementierung, Installation und Betrieb*, S. 1-4. https://doi.org/10.1007/978-3-8274-2246-0_1

Fowler, Martin. (2006). *Continuous Integration*. martinFowler.com. https://www.martinfowler.com/articles/continuousIntegration.html (Zugriff 02.05.2021).

Fowler, Martin. (2013a). *DeploymentPipeline*. martinFowler.com. https://www.martinfowler.com/bliki/DeploymentPipeline.html (Zugriff 02.05.2021).

Fowler, Martin. (2013b). *ContinuousDelivery*. martinfowler.com. https://martinfowler.com/bliki/ContinuousDelivery.html (Zugriff 02.05.2021).

Halstenberg, Jürgen et. al. (2020). *DevOps: Ein Überblick*. Springer Vieweg. https://doi.org/10.1007/978-3-658-31405-7

Hanschke, Inge. (2017). *Agile in der Unternehmenspraxis: Fallstricke erkennen und vermeiden, Potenziale heben*. Springer Vieweg. https://doi.org/10.1007/978-3-658-19158-0

Humble, Jez. & Farley, David. (2010). *Continuous Delivery: Reliable Software Releases Through Build, Test, and Deployment*. Pearson Education - Addison-Wesley Signature Series.

Kim, Gene et. al. (2017). *Das DevOps-Handbuch: Teams, Tools und Infrastrukturen erfolgreich umgestalten*. O'Reilly. ISBN 978-3-96010-123-9.

Kühn, Thorsten. (2013). *Eine Einführung in die Continuous Integration mit Jenkins*. entwickler.de. https://entwickler.de/online/eine-einfuehrung-in-die-continuous-integration-mit-jenkins-158667.html (Zugriff 02.05.2021).

Pientka, Frank. (2018). *Wie DevOps die IT beschleunigen*. Computerwoche. https://www.computerwoche.de/a/wie-devops-die-it-beschleunigen,3071433 (Zugriff 02.05.2021).

Quibeldey-Cirkel, Klaus. & Thelen, Christoph. (2012). Continuous Deployment. In: *Informatik-Spektrum*, *35*(4), S. 301–305. https://doi.org/10.1007/s00287-012-0621-8

Sharma, Sanjeev. & Coyne, Bernie. (2016). *DevOps für Dummies*, 2. limitierte Auflage von IBM. John Wiley & Sons, Inc. ISBN 978-1-119-17746-3.

Shiklo, Boris. (2020). *Software-Lebenszyklus: Phasen mit Beispielen erklärt.* ScienceSoft. https://www.scnsoft.de/blog/beispiele-fuer-den-software-lebenszyklus (Zugriff 02.05.2021).

Thomas, O. et. al. (2017). DevOps: IT-Entwicklung im Industrie 4.0-Zeitalter. In: *HMD Praxis der Wirtschaftsinformatik*, *54*(2), S. 178–188. https://doi.org/10.1365/s40702-017-0291-8

T-Systems International GmbH. (2020). Container oder VM? – Pros und Kontras - Open Telekom Cloud. Open Telekom Cloud für Geschäftskunden. https://open-telekom-cloud.com/de/blog/cloud-computing/container-vs-vm (Zugriff 02.05.2021).

Willis, John. (2010). *What Devops Means to Me*. Chef Blog. https://blog.chef.io/what-devops-means-to-me (Zugriff 02.05.2021).

Witte, Frank. (2015). *Testmanagement und Softwaretest: Theoretische Grundlagen und praktische Umsetzung*. Springer Vieweg. https://doi.org/10.1007/978-3-658-09964

BEI GRIN MACHT SICH IHR WISSEN BEZAHLT

- Wir veröffentlichen Ihre Hausarbeit,
  Bachelor- und Masterarbeit

- Ihr eigenes eBook und Buch -
  weltweit in allen wichtigen Shops

- Verdienen Sie an jedem Verkauf

Jetzt bei www.GRIN.com hochladen
und kostenlos publizieren